📖 **주제**

· 생각   · 추리   · 인과관계   · 협동

📖 **활용 학년 및 교과 연계**

초등 과정	2-1 국어	11. 상상의 날개를 펴요
	3-1 국어	8. 의견이 있어요
	4-1 국어	5. 내가 만든 이야기
	4-1 과학	1. 과학자처럼 탐구해 볼까요?
	4-2 국어	1. 이어질 장면을 생각해요
	5-2 국어	책을 읽고 생각을 넓혀요
	6-1 국어	6. 내용을 추론해요

초등 첫 인문철학왕
잘 생각해 봐, 도대체 어디로 간 건지?

초판 1쇄 발행 2023년 3월 30일

글쓴이 이영서 | **그린이** 김준영 | **해설** 한기호
기획편집 이정희 | **편집** 박주원
디자인 문지현 | **생각 실험 디자인** 김윤현

펴낸이 이경민 | **펴낸곳** ㈜동아엠앤비
출판등록 2014년 3월 28일(제25100-2014-000025호)
주소 (03972) 서울특별시 마포구 월드컵북로22길 21, 2층
전화 (편집) 02-392-6901 (마케팅) 02-392-6900 | **팩스** 02-392-6902
홈페이지 www.moongchibooks.com | **전자우편** damnb0401@naver.com | **SNS** f ⓘ ᵇˡᵒᵍ

ISBN 979-11-6363-620-5(74100)

※ 잘못된 책은 구입한 곳에서 바꿔 드립니다.
※ 이 책에 실린 사진은 셔터스톡, 위키피디아, 게티이미지뱅크(코리아)에서 제공받았습니다. 그 밖의 제공처는 별도 표기했습니다.

도서출판 뭉치는 ㈜동아엠앤비의 어린이 출판 브랜드로, 아이들의 지식을 단단하게 만들어 주고,
아이들의 창의력과 사고력을 키워 주어 우리 자녀들이 융합형 사고뭉치와 창의뭉치로
성장할 수 있도록 좋은 책을 만들겠습니다.

'질문'의 힘! '생각'의 힘!
'미래 인재'로 가는 힘!

어린이와 학부모님들께 《초등 첫 인문철학왕》을 추천할 수 있어서 매우 기쁩니다. 어린이들이 이 시리즈를 통해 '나'에 대해, 나와 공동체 사이의 소통에 대해, 세상의 이치와 진리에 대해 마음껏 질문하고 생각하기를 바라기 때문입니다. 그렇게 되면 창의적으로 문제를 해결하는 힘 또한 커질 수 있다고 믿기 때문이지요.

'제4차 산업혁명의 시대'라는 말처럼 우리는 모든 것이 혁신적으로 변화하는 시대에 살고 있습니다. 스마트폰, 인공 지능, 첨단 로봇 등 새로운 기술과 지식이 나오는 속도도 이전과 비교할 수 없을 정도로 빨라졌지요. 세상에 넘쳐나는 지식과 정보는 이제 누구나 쉽게 구할 수 있고, 개인의 두뇌에 담아낼 수 있는 용량을 넘어선 지 오래입니다. 결국 이 시대의 아이들에게 필요한 것은 지식보다는 그 지식을 다루는 지혜와 창의성 아닐까요?

7차 교육과정 개정 이후 학교 교육도 이러한 시대 흐름에 맞추어 미래 사회가 요구하는 인문학적 상상력과 과학기술 창조력을 두루 갖춘 창의융합형 인재를 양성하는 것을 목표로 합니다.

'철학'은 '지혜를 사랑하는'이란 뜻을 가진 말입니다. 이 학문은 여러분처럼 모든 것에 호기심 많았던 철학자들로부터 시작됩니다. 아주 오래전부터 인간, 사회, 자연, 우주, 진리 등 다양한 분야에서 다른 사람들보다 더 깊이, 더 많이, 그리고 아주 끈질기게 했던 수많은 질문과 탐구를 하며 만들어졌습니다.

마치 높은 곳에 올라가면 마을 전체를 내려다볼 수 있는 넓은 시야를 얻게 되듯이, 철학을 한다는 것은 하나의 문제를 더 큰 눈으로 볼 수 있게 되는 것이랍니다. 그러면 어떤 점이 좋을까요? 더 넓게 보는 눈, 더 깊이 있게 보는 눈, 다른 사람들이 생각하지 못한 부분들을 상상하고 찾아낼 수 있는 눈이 생깁니다. 또 우리 앞의 문제들을 자신만의 창의적인 방법으로 해결할 수도 있고, 그 문제를 해결하다가 다른 더 큰 문제를 발견하여 미리 처리할 수도 있습니다.

《초등 첫 인문철학왕》은 바로 그러한 생각의 눈을 아주 활짝 열어 줄 것입니다. 주제와 관련된 재미있는 동화, 이와 연결된 깊이 있는 인문 해설과 철학 특강, 창의·탐구 활동 등으로 구성된 시리즈는 아이들이 세상에 넘쳐나는 지식을 지혜롭게 다루는 힘을 길러서, 문제해결력을 갖춘 창의적 인재로 성장할 수 있게 해 줄 것입니다.

그러니 이 책을 읽으며 여러 분야에서 떠오르는 호기심과 질문들을 혼자만 가지고 있지 말고 친구, 가족과도 나누어 보시길 바랍니다. 모두가 질문하고 생각하는 힘이 생긴다면, 어려운 문제들을 함께 해결해 나가는 공동체를 만들 수 있겠지요?

이 책을 읽는 여러분들 모두, 그런 멋진 공동체를 하나둘 만들어 나가는 지혜로운 미래 인재가 되기를 기대합니다.

이지애 드림
(이화여대 철학과 부교수, 한국 철학교육 학회 회장)

초등 첫 인문철학왕
이렇게 활용하세요!

생각 실험

생각 실험은 어떤 사실을 알기 위해 여러 가지 실험과 사례를 연구하는 것이에요. 철학이나 자연 과학 분야 등에서 널리 사용되는 방법이에요. 권마다 주제에 관련된 실험, 유명한 인물의 사례 등을 읽으며 상상력과 문제 해결력을 키워 보세요.

만화 & 동화

인문 철학 주제별로 아이들의 생활 세계 속 이야기, 패러디 동화 등이 다양하게 펼쳐져요. 처음과 중간은 만화, 본문은 그림 동화로 되어 있어서, 재미난 이야기에 푹 빠질 수 있어요.

인문철학왕되기

오랫동안 어린이들과 함께 철학 수업을 연구하고 진행해 온 한국 철학교육연구원 소속 교수와 연구진들이 집필했어요.

소쌤의 철학 특강, 인문 특강, 창의 특강으로 구성되었어요. 주제와 이야기 안에 숨겨진 철학적 문제들에 대해 함께 답을 찾아갈 수 있도록 깊이 있는 토론과 특강, 그리고 재미있는 활동으로 구성되었어요.

난 질문하는 **소크라테스**! 문제를 해결할 수 있도록 도와주지!

난 **뭉치**. 같이 생각하고 토론하지!

난 늘 창의적인 **새롬**이!

난 생각이 깊은 **지혜**!

교과 연계

각 권마다 최신 개정 교과서 단원과 연계되어 교과 학습에 도움이 되도록 구성되었어요. 권별로 확인하세요.

추천사 ··· 4

구성과 활용 ·· 6

생각 실험 당신이 직접 본 것도
믿을 수 없다? ································· 10

만화 졸라졸라 작전 ·· 20

최후의 1인 ·· 22
- **인문철학왕되기1** 문제를 해결하기 위한 생각의 기술!
- **소쌤의 창의 특강** 인과 관계를 밝혀라!

도대체 어디로 간 거야 ································ 44
- **인문철학왕되기2** 확실한 결론을 찾아서!
- **소쌤의 창의 특강** 기억은 완벽하지 않다

| 만화 | **아리아드네의 실** 70

확신의 함정 76
- 인문철학왕되기3 · 확실한 증거를 찾아서!
- 소쌤의 철학 특강 · 생각을 정리할 수 있게 해 주는 연역 추리

감각에 집중하라 98
- 인문철학왕되기4 · 만일 나라면?
- 창의활동 · 내가 본 것도 가짜일 수 있다

당신이 직접 본 것도 믿을 수 없다?

1975년 오스트레일리아에서 한 여성이 범죄자의 공격을 받게 됩니다. 경찰 조사에서 피해 여성은 **'도널드 톰슨'이라는 사람을 범인으로 지목**합니다. 그리고 그 피해 여성은 톰슨의 생김새를 아주 정확하게 진술합니다.

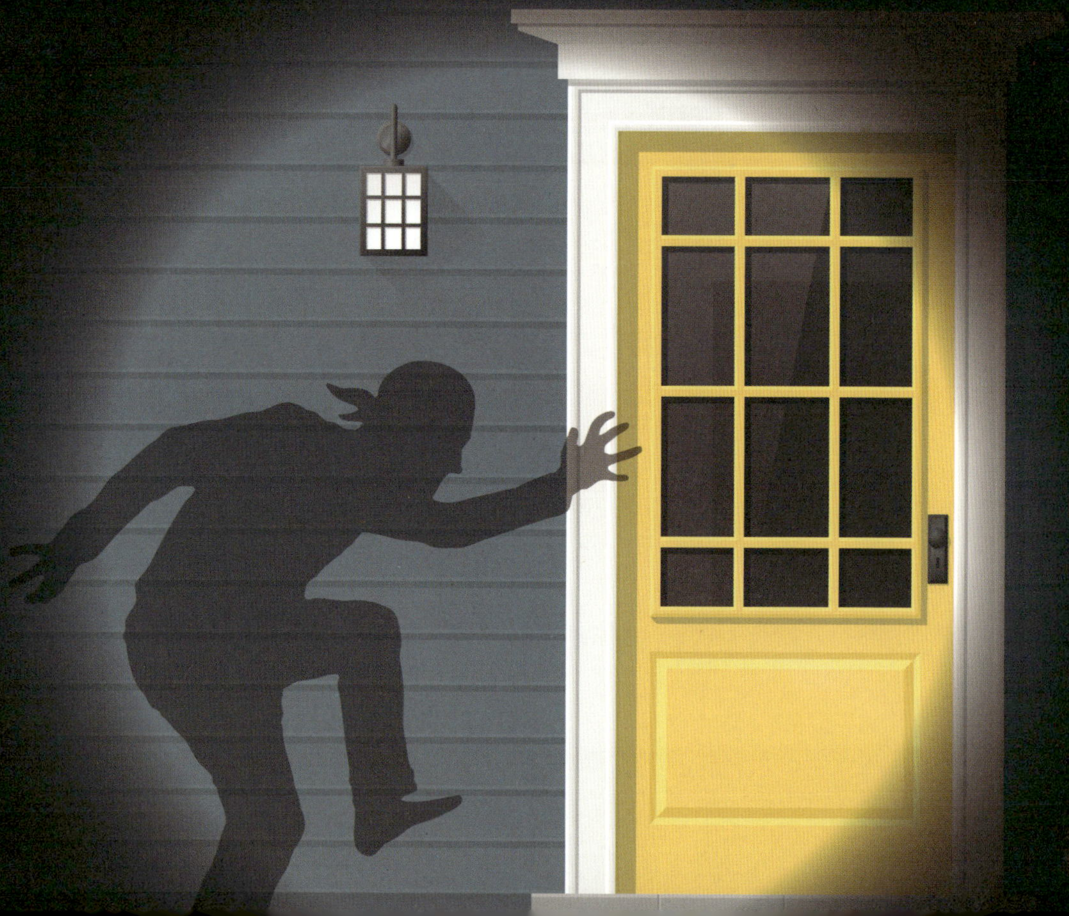

피해 여성이 유일한 목격자였으므로 이제 범인을 잡는 일이 쉬워졌습니다. 과연 '도널드 톰슨'은 어떤 사람이었을까요?

놀랍게도 도널드 톰슨은 유명한 호주의 심리학자였습니다. 이게 어떻게 된 일일까요?

다행히도 톰슨은 **사건이 일어난 그 시간에 무엇을 하고 있었는지 확실한 알리바이를 제시할 수 있었습니다.** 여성이 공격을 받던 바로 그 시간, 그는 텔레비전 **생방송 프로그램에 출연하여 전국에 방송**되고 있었습니다. 그렇다면 그 피해 여성이 거짓말을 한 것일까요?

피해 여성은 바로 **톰슨이 나오는 생방송 프로그램을 보다가 범인에게 공격**을 받았습니다. **그녀가 경찰 조사에서 범인의 얼굴을 떠올리려고 노력할 때, 범인의 얼굴보다는 방송에서 선명하게 보았던 톰슨의 얼굴이 먼저 떠오른 것입니다.**

과학자들은 다양한 여러 일들이 사람의 기억을 왜곡할 수 있다고 말합니다. 사회적으로 주목받는 사건을 증언할 때 느껴지는 심리적 압박, 조사실의 분위기에서 받는 스트레스 같은 것들 말이죠.

또한 사람들은 **이전에 한 번이라도 봤던 사람의 얼굴을 더 잘 기억**하는 경향이 있습니다. 그렇기 때문에 피해 여성의 머릿속에는 유명한 도널드 톰슨의 얼굴이 더 선명히 박혀 있었을 것입니다.

우리는 직접 눈으로 본 것을 진짜라고 생각합니다. 그래서 친구들과 말싸움을 할 때 "내가 봤거든!"라고 말하며 나의 말이 맞다고 주장하지요.
그런데 내가 본 것은 정말 확실할까요?

도널드 톰슨의 이야기처럼, 내가 본 것조차 틀릴 수 있으므로 우리가 100% 확신할 수 있는 것은 없을지도 모릅니다. 그러니 우리가 중요한 판단을 할 때는 더욱 신중하게 생각해야겠지요?

최후의 1인

"친구들이 놀 때 나만 안 불러."

하준이의 입이 비죽 나왔어요.

"그럼 네가 불러."

엄마는 하준이를 보지도 않고 대꾸했어요.

"생일 파티 초대장도 문자로 보내서 나만 못 받았어."

"누구? 승후? 엄마 핸드폰으로 보내라 그래."

엄마도 끈질기지만 하준이도 만만치 않아요.

"모둠 숙제도 애들이 단체 채팅방에서 얘기해서 나만 몰랐단 말이야."

하준이의 눈에서 눈물이 찔끔 나와요. 그때는 정말 속상했거든요. 하준이는 눈물을 보여 주려 엄마와 눈을 맞췄지만, 엄마는 하준이를 본척만척하며 수세미로 냄비를 빡빡 닦았어요.

"엄마아……. 엄마는 내가 왕따가 돼도 좋아? 응? 응? 응?"

드디어 엄마가 뒤돌아봤어요.

"하준아. 그러면……."

엄마가 하준이와 눈을 마주치고는 빙긋이 웃었어요. 우아, 스마트폰을 사 주려나 봐요. 하준이의 눈이 반짝반짝 빛나요.

"수학 100점 받으면……."

"으아아아악, 엄마 치사해!"

하준이는 엄마의 말이 끝나기도 전에 소리를 질렀어요. 그리고 방으로 들어와 문을 쾅 닫았어요. 70점도 아니고, 80점도 아니고, 100점이라니요? 하준이는 수학이 세상에서 제일 싫단 말이에요.

'수학 따위 지옥 불에 떨어져!'

수학에게 저주를 퍼부으며 하준이는 얌전히 누워 있는 이불에게 화풀이를 했어요. 화가 풀릴 때까지 마구마구 발길질을 했어요.

다음 날, 교실에 들어가자 은세가 쪼르르 달려 왔어요.

"야, '최후의 1인'. 어떻게 됐냐? 너희 엄마가 사 주신대?"

며칠 전부터 은세는 하준이를 최후의 1인이라고 불렀어요. 이제 하준이는 2학년 1반에서 스마트폰이 없는 유일한 아이거든요. 하준이는 눈을 데굴데굴 굴리며 궁금해하는 은세가 얄미웠어요.

"네 말대로 했는데 안 통해. 수학 100점 맞으면 사 주신대."

하준이는 입이 툭 튀어나와서 뾰로통하게 대꾸했어요.

"지구가 멸망하기 전엔 불가능하네."

승후는 가망 없다는 듯 고개를 저었어요.

"너, 어떻게 했길래 그 말이 안 통해?"

은세가 또 나섰어요.

"네가 시킨 대로 했어. 생일 파티 초대도 못 받고, 놀 때도 나만 쏙 빼놓고, 채팅도 자기들끼리 해서 나만 숙제 못 했다고. 내가 왕따가 돼도 상관없냐고. 네가 시킨 것 안 까먹고 하나하나 조목조목 따졌단 말이야."

"어휴우……. 바보."

"뭐어?"

하준이가 은세를 무섭게 노려봤어요. 은세는 자기가 잘못된 걸 알려 줘 놓고 하준이더러 바보래요.

"하나하나 조목조목 따지면 안 되지."

은세가 답답하다는 듯 하준이를 나무랐어요.

"야, 조은세. 네가 그렇게 시켰잖아."

하준이의 목소리가 커졌어요.

"은세 말이 맞는 것 같은데. 어른들은 시시콜콜 따지면 버릇없다고 싫어해."

승후까지 은세를 거들었어요.

"바보야. 시무룩하게, 밥도 깨작깨작 먹고, 걸음도 터덜터덜 걸으면서 불쌍한 척을 해야지. 왕따 당해서 힘든 것처럼."

은세가 하준이를 한심하다는 듯 쳐다봤어요.

"으이씨……."

하준이가 손바닥에 얼굴을 묻으며 씩씩거렸어요. 가뜩이나 신경질 나는데 은세까지 하준이를 바보라고 해요. 엄마는 하준이가 바보 취급 당하는 게 좋은 걸까요?

지난주까지 하준이네 반에 스마트폰이 없는 사람은 하준이와 승후 두 명이었어요. 그래도 가장 친한 친구 승후가 스마트폰이 없어서 하준이는 좋았어요. 스마트폰 없이 함께 놀 수 있었거든요.

그런데 승후가 스마트폰을 샀어요. 승후는 좋다고 자랑했지만 하준이는 전혀 좋지 않았어요. 부럽고, 배 아프고, 짜증 났지요.

승후네 엄마가 회사에 다니게 돼서 승후랑 연락하려고 스마트폰을 사 주셨대요. 하준이네 엄마도 승후 엄마처럼 회사에 다니면 좋겠지만 하준이 엄마는 집에서 일을 하세요.

하준이와 함께 놀이터에서 자전거를 타고, 축구를 하며 놀던 승후는 이제 하준이가 옆에 있어도 스마트폰만 보고 있어요.

"승후야, 나도 한번 해 보면 안 될까?"

하준이가 조심스레 물어봤어요.

"안 돼, 나 게임 레벨 올리고 있는 거라 네가 하면 레벨 떨어져."

승후는 하준이를 보지도 않고 대꾸했어요. 어깨너머로 승후가 하는 게임을 구경하던 하준이가 자리에서 일어났어요. 왠지 거지가 된 것 같은 기분이었거든요.

"나 학원 갈게."

하준이는 어깨가 축 늘어진 채 수학 학원 셔틀버스를 타는 곳으로 갔어요. 편의점을 지나 약국을 끼고 오른쪽으로 돌아가면 버스가 서는 곳이에요.

"꼬마야, 거기, 거기 서."

터덜터덜 땅만 보고 걷던 하준이가 고개를 들었어요. 안전모를 쓴 아저씨가 하준이를 향해 소리쳤어요.

"여기 공사 중이야. 돌아가."

고개를 들어 보니 셔틀버스를 타는 곳의 보도블록이 파헤쳐져 있고, 그 앞으로 높은 펜스가 둘러져 있었어요. 도로엔 커다란 포클레인과 모래를 그득 실은 차도 서 있었고요. 길바닥은 물이 콸콸 흘러 첨벙거릴 정도였어요. 하준이는 그제야 펜스 앞에 붙은 안내문을 봤어요.

'상수도관 파열?'

하준이는 고개를 갸웃했어요. 뭔 소린지 모르겠지만 아무튼 '수도'가 고장났단 소리 같아요. 공사 때문인지 차가 막혀서 차도엔 차들이 움직이지 못했어요. 하준이는 공사장 옆에서 목을 쭉 빼고

긴급 공지

상수도관 파열로 인한 긴급 공사를 시행합니다.
불편을 드려 대단히 죄송합니다.
조속한 시일 내에 공사를 마치도록 노력하겠습니다.

수학 학원 버스를 기다렸어요. 하지만 5분이 지나도, 10분이 지나도 버스가 오지 않았어요.

'집으로 갈까?'

하지만 그 사이에 학원 버스가 오면요? 엄마는 하준이가 학원을 빠지면 가만두지 않을 거예요. 지난번에 은세랑 놀다가 학원에 늦었을 때도 엄마는 잔소리 폭탄에 일기 두 쪽 쓰기 벌을 주셨어요.

'걸어갈까?'

하준이는 머릿속으로 수학 학원 가는 길을 떠올렸어요.

'쭉 가다가 돌아서, 다시 쭉, 오른쪽 골목으로 쭉, 쭈우……욱.'

하준이가 머릿속에 지도를 그리는데 저쪽에 노란색 수학 학원 버스가 보였어요. 하준이의 눈이 커지고, 손이 번쩍 올라갔어요. 하준이는 도롯가로 나갔어요.

"여기요! 여기요!"

하준이는 기사님께 소리가 들리지 않는다는 걸 알면서도 혼자 소리쳤어요. 자신이 잘 보이도록 두 손도 마구 흔들었어요.

"어이, 꼬마."

공사장에서 신호를 주던 아저씨가 또 하준이를 불렀어요.

"위험해. 인도로 올라가."

하준이는 어쩔 수 없이 인도로 올라갔어요. 하준이는 인도에서 팔짝팔짝 뛰며 손을 흔들었어요. 버스 기사님이랑 눈을 마주치려고 최대한 몸을 길게 늘이고 깡충깡충 뛰었지요.

"어, 어어? 아저씨, 기사님. 여기이……요오!"

그런데 버스는 하준이 앞에 서지 않고 저 앞에서 돌아갔어요.

"아저씨, 아저씨……이이……이잉?"

하준이는 버스를 잡으려 뛰기 시작했어요. 버스를 타야만 학원에 갈 수 있잖아요.

"아저씨, 아저씨!"

하준이가 뛰어가는데도 버스는 멈추지 않았어요.

'에이씨. 학원 숙제도 다 했는데…….'

하준이는 억울해서 발을 굴렀어요. 그때, 하준이의 눈에 저만치 앞에서 멈춰 선 버스가 보였어요. 신호에 걸렸나 봐요.

하준이가 다시 뛰기 시작했어요. '우다다다 두다다다' 초능력을 발휘해 버스를 따라잡아야 해요.

하준이가 헉헉거리며 숨을 가쁘게 쉬었어요. 열심히 뛰었지만 버스도 열심히 출발했어요.

"으씨, 전화가 없으니 엄마한테 연락도 못 하고."

하준이가 발을 구르며 짜증을 냈어요. 버스는 점점 멀어지고, 하준이의 걸음은 점점 느려졌어요. 이제 집까지 돌아가려면 더 먼 길을 가야 해요.

하준이는 집 가는 방향으로 가려다 다시 학원 가는 방향으로 걸음을 돌렸어요. 우물쭈물, 갈팡질팡하던 하준이는 결심이라도 한 듯 학원 가는 방향으로 크게 걸음을 돌렸어요. 뚜벅뚜벅, 타박타박. 버스를 타고 갈 때는 금방 '씽' 하고 갔던 길이 걸어가자니 너

무 멀었어요.

　하준이는 걸음을 멈췄어요. 그리고 뒤를 돌아봤어요. 조금 전 지나쳐 온 골목을 힐긋거리다가 하준이는 몸을 '휙' 돌렸어요.

　'저쪽 길이 더 빠를 것 같은데……?'

　하준이가 시계를 봤어요. 곧 있으면 수업이 시작할 거예요. 하준이의 걸음이 빨라졌어요. 골목을 지나 횡단보도를 건너고 모퉁이를 돌았는데…… 학원은 나오지 않고 엉뚱한 길이에요. 이제 하준이는 어디로 가야 학원인지, 집인지 알 수가 없었어요.

　하준이가 편의점 앞 벤치에 털썩 앉았어요. 날도 어둑어둑해졌어요. 시계를 보니 이미 수학 학원 수업은 시작됐는데 어디로 가

야 할지 모르겠어요.

"휴우우……."

하준이의 입에서 긴 한숨이 새어 나왔어요. 그때였어요.

'덜컹' 하고 편의점 유리문이 열리는 소리에 하준이가 돌아봤어요. 편의점에서 웬 아저씨가 계산을 마치고 나왔어요. 하준이의 눈에는 아저씨 손에 들린 핸드폰이 돋보기라도 들이댄 듯 커다랗

게 보였어요.

하준이는 엄마한테 전화 한 통만 하고 싶었어요. 딱 한 통만요.

"저어, 아저씨. 전화……."

하준이가 가까스로 말을 꺼냈지만 아저씨는 하준이 앞을 스쳐 지나갔어요.

"전화, 한 통만 할 수…… 있을까……요?"

하준이는 아저씨의 등에 대고 작은 소리로 말했어요. 하지만 아저씨는 못 들었는지 그냥 가 버렸어요. 하준이는 다시 시계를 봤어요. 수학 학원 수업 시간은 이미 반쯤 지났고, 지금쯤 엄마는 하준이가 학원을 빠졌다는 사실을 알고 난리가 나 있을 거예요.

"에이씨, 학원 버스가 날 안 태워 준 건데."

하준이는 짜증 나고 억울하고 또 배도 고팠어요. 그때였어요.

"최하준!"

하준이가 고개를 번쩍 들고 사방을 둘러봤어요.

엄마랑 수학 학원 원장님이 골목 앞에 서 있었어요. 방금 전까지 하준이는 그냥 좀 지치고, 힘들고, 배가 약간 고플 뿐이었는데 엄마를 보는 순간 왠지 왈칵 눈물이 나왔어요.

"엄마아."

"여기서 뭐해?"

하준이는 뭘 하고 있었는지 설명을 할 수 없었어요.

"엄마랑 원장님이 널 얼마나 찾아다녔는데."

엄마가 하준이를 와락 껴안았어요.

"학원 버스가 그냥 가 버려서, 버스 쫓아가다가……."

엄마가 무릎을 굽히고 하준이 얼굴을 바라봤어요.

옆에 있던 원장님이 하준이의 어깨를 토닥여 주었어요.

"미안해, 하준아. 도로 공사 때문에 기사님이 너를 태울 수가 없었대. 너희 엄마도 늦게 전화를 받으셨는데 넌 이미 나갔다고 하고……. 연락할 방법이 없었어."

"엄마랑 연락이 안 되면 아무한테나 전화 한 번만 쓴다고 부탁하라고 했잖아."

"부탁하려고 했는데…… 이이…… 흐으읍."

하준이가 하려던 말을 눈물이 먹어 버렸어요. 울 생각이 아니었는데 자꾸 눈물이 나요. 엄마가 그런 하준이의 등을 쓰담쓰담해 주셨어요. 학원을 빠졌다고 혼날 줄 알았는데 말이에요.

"괜찮아. 괜찮아. 우리 아들 찾았으니 다 괜찮아."

하준이도 엄마를 꽉 안았어요.

그날 저녁, 엄마가 하준이 앞에 종이를 내밀었어요.

"여기 도장 찍어."

하준이는 〈스마트폰 사용 계약서〉에 손도장을 찍었어요. 엄마는 계약서를 냉장고 문에 붙였어요.

"꼭 약속 지켜야 해. 약속을 어기면 스마트폰은 영원히 금지야."

하준이는 크게 고개를 끄덕였어요. 엄마가 스마트폰이 들어 있는 까만 상자를 하준이에게 건넸어요.

"절대 잃어버리면 안 돼, 알았지?"

"응, 절대!"

하준이가 눈을 땡그랗게 뜨고, 힘껏 끄덕이며 대답했어요.

"어떻게 해야 안 잃어버린다고?"

"학교 갈 때, 올 때, 어디서든 주머니에 있나 항상 확인하라고."

하준이가 야물딱지게 대답했어요. 엄마는 하준이가 4학년이 되기 전까지 스마트폰을 절대 사 줄 수 없다고 했었는데, 드디어 오늘 사 주셨어요. 하준이는 스마트폰을 절대! 절대! 잃어버리지 않겠다고 다짐했어요.

하준이의 입꼬리가 한껏 올라갔어요. 2학년 1반에서 스마트폰이 없는 '최후의 1인'으로 영원히 남을 줄 알았는데……. 이게 다 상수도관이 고장 나서 생긴 일이에요. 때마침 도로 공사를 하게 되어 학원 버스를 놓치고, 버스를 놓쳐서 길을 잃고, 엄마가 하준이를 잃어버려서 깜짝 놀라고……. 결국 엄마는 언제든 하준이와 연락이 될 수 있도록 스마트폰을 사 주셨으니까요.

히죽히죽 하준이 입에서 웃음이 실실 새어 나와요.

문제를 해결하기 위한 생각의 기술!

생각에도 기술이 있다고요?

우리는 살면서 참 많은 문제를 만나는 것 같아요. 하준이도 딱 그런 상황이었어요. 학원 버스가 오지 않는 상황에서 걸어서 학원으로 갈지, 기다릴지, 아니면 그냥 집으로 갈지 고민을 했어요.

맞아요. 그런데 하준이는 그냥 막연하게 고민하는 게 아니라 각 선택을 했을 때 어떤 일이 벌어질지 한 발짝 더 나아가서 생각을 했어요.

학원까지 걸어가게 되면 길을 잘 찾을 수 있을지, 기다리다 아예 버스가 안 오면 어떻게 할지, 그냥 집으로 가면 엄마한테 어떻게 될지를 각각 고민하면서 어떤 선택이 가장 좋을지를 생각했지. 나름 "생각의 기술"이 뛰어난 것 같구나.

생각에도 기술이 있어요?

그럼. 자전거를 잘 타려면 기술이 있어야 하듯이 생각을 능숙하게 하는 데도 기술이 필요하지.

인과 관계를 밝혀라!

'생각의 기술' 중 하나는
바로 '인과 관계'를 따져 보는 거야.

상수도관이 고장난 사건부터 하준이가 스마트폰을 갖게 된 일은 마치 도미노 게임에서 도미노가 차례대로 쓰러지듯이 연결되어 있어. 그런데 만일 그 도미노들 중에서 중간의 하나를 뺀다면 뒤에 도미노들은 쓰러지지 않겠지? 마찬가지로 상수도관이 고장났지만 도로 공사를 그날 하지 않았다면 스마트폰은 물 건너갔을 거야.
또 하준이가 길을 잃지 않았어도 마찬가지고. 인과 관계는 이처럼 서로 긴밀히 연결되어 있다 보니 하나가 빠지면 그 뒤에 일어나는 다른 사건들은 일어나지 않게 돼.

인과 관계는 한 가지 일이 다른 일의 원인이 되고, 그 다른 일은 먼저 일의 결과가 되는 관계를 말해!

학교에서 점심시간에 급식을 먹었던 아이들이 배가 아파서 난리가 났다고 해 보자. 너희라면 그 문제를 어떻게 해결할 것 같니?

아이들 배탈의 원인은 아마도 급식 때문일 가능성이 높겠지. 하지만 그렇게 짐작할 뿐 진짜 급식 때문이라고 단정 지을 근거는 없어. 그래서 의심 가는 인과 관계를 발견한다면 문제 해결을 위해 가능한 방법들을 모두 생각해 봐야 할 거야.

예를 들어 **배탈이 난 친구들이 공통으로 먹은 것들을 조사**하는 것이 좋은 방법이겠지. 아이들이 공통으로 먹은 것이 여러 개라면, **배탈 난 친구들이 공통으로 먹은 것 중에서 배탈 나지 않은 친구들이 먹지 않은 것을 찾는 것**도 방법이 되겠지. 결국 이 문제를 해결하기 위해선 그 두 가지 방법을 모두 사용해야 할 거야.

도대체 어디로 간 거야

　교실에 도착하자 하준이는 최신형 스마트폰을 책상 가운데 떡하니 올려놨어요.
　"오오올? 최하준 스마트폰 샀어?"
　승후가 눈을 동그랗게 뜨고 하준이에게 다가왔어요.
　"응, 어제 엄마 아빠랑 스마트폰 매장에 가서 샀어."
　"이야, 2학년 1반 최후의 1인이 어떻게 된 거야?"
　뒤에 앉았던 은세도 자리에서 일어나 어깨너머로 하준이의 스마트폰을 봤어요.
　"우아, 완전 최신형이네."
　하준이가 어깨를 으쓱했어요. 최신형 스마트폰을 알아봐 주니 기분이 좋았어요.

"처음엔 엄마가 키즈폰을 골랐는데, 아빠가 한번 사면 6학년 때까지 써야 한다고 최신형을 골라 주셨어."

"야, 줘 봐. 게임 뭐 깔렸어?"

승후가 하준이의 스마트폰을 집어 들었어요. 하준이는 어제 승후가 놀이터에서 했던 것처럼 "안 돼."라고 딱 부러지게 거절하려다가 꾹 참았어요. 키즈폰을 쓰는 승후에게 자랑하고 싶었거든요. 승후가 하준이를 부러워하니 기분이 너무 좋았어요.

수업 시작 전 선생님이 초록 바구니를 돌렸어요. 아이들은 바구니에 스마트폰을 넣었어요. 하준이도 아쉽지만 바구니 안에 새 스

마트폰을 넣었어요. 학교가 끝날 즈음 아침에 걸었던 스마트폰을 선생님이 돌려주셨어요. 하준이는 다시 만난 스마트폰이 반가웠어요. 스마트폰을 켜자 엄마에게 문자가 와 있어요.

엄 오늘 이모 만나서 늦어. 검도 학원 시간 맞춰 가고, 식탁 위에 고구마 튀김 + 냉장고 우유.

엄 저녁은 아빠랑. 스마트폰 잘 챙기고. 사랑해 ♥

하준이도 엄마에게 문자를 보냈어요. 스마트폰을 사 준 엄마에 대한 사랑도 백만 배 커졌어요.

♥ × 1,000,000

아파트 단지에 도착하자 승후가 208동으로 뛰어가며 말했어요.
"최하준, 검도 가기 전에 놀이터에서 봐."
"하준아, 이따 봐."

은세는 211동 쪽으로 가며 손을 흔들었어요.

하준이가 주머니에 있던 스마트폰을 꺼냈어요. 방금 주머니에 넣었지만 엄마 말대로 학교 올 때, 갈 때 잘 있나 확인해야 돼요.

잠깐 사이에 스마트폰에 메시지가 잔뜩 와 있어요. 수업이 끝나고, 스마트폰을 돌려받은 친구들이 하준이의 스마트폰 개통 기념으로 메시지를 보냈나 봐요. 하준이도 이모티콘을 잔뜩 넣어서 답장을 보냈어요.

늘 하던 대로 하준이와 은세, 승후는 검도 학원에 가기 전 놀이터에 모였어요.

승후가 축구공을 가지고 왔어요.

"오늘은 드리블 연습하자."

승후는 유소년 축구 교실 입단 테스트를 본다고 요즘 매일 축구 연습을 해요. 하준이는 스마트폰 게임을 하고 싶었지만 승후의 연습을 도와주기로 했어요. 승후가 유명한 축구 선수가 되면 하준이도 좋잖아요.

놀이터 벤치에 가방과 점퍼를 벗어 놓고, 승후와 하준이는 드리블 연습을 했어요. 은세는 영어 학원 숙제를 한다며 벤치에 엎드

려 영어 공책을 꺼냈어요.

 이 시간이면 놀이터에서 가끔 만나는 6학년 형들이 몰려 왔어요. 형들은 은세가 있던 벤치 근처에 앉았어요. 서로 툭툭 치고, 헤드록을 걸면서 놀다가 뭐 재밌는 일이 있는지 벤치를 빙 둘러싸고 시시덕거렸어요.

 은세는 신경이 쓰이는지 공책을 들고 옆 벤치로 자리를 옮겼어요. 잠시 후, 영어 숙제를 하던 은세가 발딱 일어서더니 공책을 챙겼어요.

 "야, 1분 남았어."

미끄럼틀까지 날아간 축구공을 주우러 갔던 하준이도 냅다 뛰어서 벗어 둔 점퍼를 가지러 벤치로 갔어요. 모여 있던 형들이 하준이와 승후가 점퍼를 챙길 수 있게 자리를 비켜 줬어요. 승후도 가방을 챙겨서 공을 넣었어요.
　"야, 뛰어."
　은세가 제일 앞에서 뛰며 소리쳤어요. 승후가 그 뒤를 따라갔어요. 하준이가 한쪽 팔에 점퍼를 걸친 채 '두다다다' 속력을 냈어요.
　하준이는 일단 승후를 제치고, 은세도 제쳤어요.
　"1등."
　하준이가 제일 먼저 검도 학원 버스에 탔어요. 하준이가 의자에 몸을 던지고, 승후와 은세도 자리에 앉았어요.

"의자 부서진다. 이놈들아, 살살 좀 앉아."

기사님이 핀잔을 주셨어요.

하준이는 검도 학원을 마치고 집에 오자마자 가방은 신발장 앞에 던져두고 텔레비전 앞으로 갔어요.

"최하준, 먼저 손 씻고."

거실 탁자에서 아빠가 탕수육 포장지를 뜯고 계셨어요. 하준이는 입안에 탕수육 하나를 물고 욕실로 갔어요.

"최하준, 빨리 와. 시작한다."

욕실에서 나온 하준이가 소파에 털썩 앉았어요.

아빠는 축구 유니폼을 입고 응원용 막대 풍선을 양손에 쥔 채 텔레비전 앞에 앉아 있어요. 아빠가 소파 위에 있던 다른 유니폼을 하준이 머리에 씌웠어요. 멍멍이 길똥 씨도 아빠와 하준이 사이에 앉았어요.

아빠가 탕수육 접시를 하준이 앞으로 밀어 줬어요.

"엄마 오늘 늦는대."

아빠가 리모컨을 누르며 말했어요.

"문자 받았어."

하준이가 대꾸했어요.

"오오올?"

하준이가 으쓱했어요.

"큰이모 생일이라길래. 천천히 놀다가 오라고 했어."

하준이와 아빠가 마주 보며 웃었어요.

"아빠, 어제 최고!"

"뭐가?"

"엄마가 키즈폰 못 사게 한 거."

아빠가 어깨를 으쓱했어요.

"오늘도 최고!"

"뭐가?"

"엄마였으면 숙제 끝내기 전까지 축구 못 보게 했을 텐데."

하준이가 아빠에게 엄지손가락을 치켜 들었어요. 그때 선수들이 입장하고 심판이 동전을 던지자 경기가 시작됐어요.

"고고고고고오오오올……인!"

경기가 시작되고 얼마 지나지 않아 하준이와 아빠가 자리에서 벌떡 일어났어요.

"우아아아아."

창밖에서도 함성이 들려왔어요. 대표 팀 경기라 다른 집들도 다 축구를 보고 있나 봐요.

"고고고고고오오오올……인!"

얼마 안 가 또 골이 들어갔어요. 스코어는 3:3이 됐어요. 서로 골을 주고받으며 경기는 엎치락뒤치락했어요.

연장전이 시작되기 전, 하준이는 잠시 숙제가 걱정됐지만 고개를 세차게 흔들며 남은 탕수육을 입에 넣었어요. 국가 대표 팀 경기인데 숙제 따위는 잊고 싶어요.

경기가 끝나고 하준이는 벽에 걸린 시계를 봤어요.

"으아악……."

큰일 났어요. 숙제를 아직 하지 않았는데, 벌써 늦은 시간이 되었어요. 엄마는 아직 들어오시지 않았어요.

하준이는 겨우 숙제를 마치고 침대에 누웠어요. 졸음이 몰려왔어요. 잠 속으로 빠져들던 하준이가 갑자기 눈을 번쩍 떴어요. 그리고 몇 차례 눈을 깜빡이다가 침대맡을 더듬었어요. 어둠 속에서 침대 옆 탁자, 베개 밑을 더듬던 하준이가 벌떡 일어났어요.

"앗!!!"

하준이가 방에 불을 켰어요. 하준이 발밑에서 자던 길똥 씨가 갑자기 환해져서 짜증이 났는지 책상 밑으로 들어갔어요.

하준이는 두리번거리다 의자에 걸쳐 둔 점퍼 주머니를 뒤졌어요. 오른쪽 주머니에서 낮에 은세가 준 젤리 봉지가 나왔어요. 왼쪽 주머니에서는 막대 사탕이 나왔어요.

하준이가 고개를 갸웃하며 가방을 뒤졌어요. 국어, 수학 책을 차례로 꺼내고, 필통을 꺼냈는데도 스마트폰이 없어요. 가방을 뒤집어 탈탈 털어도 나오지 않아요. 하준이의 머릿속이 마구 엉클어지고, 심장이 쿵쿵 뛰는 것 같았어요.

'대체 어디 갔지?'

어느새 잠이 확 달아나고, 하준이는 방 안을 왔다갔다 하며 입술을 뜯었어요. 신발 주머니를 뒤지고, 오늘 집에 온 후로는 열어 본 적이 없는 옷장까지 뒤졌어요. 하지만 아무데도 없어요!

하준이가 거실로 나갔어요. 현관 센서 등이 켜지고 노란 불빛 아래서 소파와 테이블을 더듬었어요.

'아아, 대체 어딨어?'

하준이는 금세 울음이 터질 것 같았어요. 화장실을 뒤지고, 자고 있던 멍멍이를 밀어내고 쿠션 밑까지 들춰 봤어요. 잠들었던 멍멍이가 으르렁거려요. 하지만 없어요. 아무데도 없어요. **스마트폰이 감쪽같이 사라졌어요.**

하준이가 냉장고를 열었어요. 엄마가 가끔 텔레비전 리모컨이

나 자동차 열쇠를 냉장고에서 찾는 걸 봤거든요. 그때였어요.

"배고파?"

"아아, 어, 엄마."

어둠 속에서 깜짝 놀란 하준이가 뒤를 돌아봤어요. 자다 일어난 엄마가 눈을 비비며 서 계셨어요.

"어, 아, 축구 보면서 소리 질렀더니 배고팠는데, 이제 괜찮아."

하준이가 더듬거리며 말했어요. 하준이의 손에 냉장고 앞쪽에 있던 대파 봉지가 들려 있었어요. 엄마가 하준이와 대파를 번갈아 봤어요.

"많이 먹고 쭉쭉 커. 그거 낮에 마트에서 제일 싱싱한 걸로 골라 온 거야."

엄마가 눈을 비비며 방으로 들어갔어요. 방에 들어온 하준이가 침대에 털썩 주저앉았어요.

'대체, 스마트폰은 어디로 간 거냐고오오오오……'
스마트폰 걱정에 밤새 뒤척거린 하준이는 늦잠을 자 버렸어요.

"최하준, 일어나!"

하준이는 이불 속에서 나오고 싶지 않았어요. 엄마를 보면 '스마트폰은 어디 있어?', '잃어버린 거야?' 하고 따져 물을 것 같아요.

엄마가 방문을 벌컥 열었어요.

"어어, 엄마 나 늦었어."

하준이는 벌떡 일어나 엄마 눈을 피해 욕실로 달려갔어요.

"엄마, 나 토스트 학교 가면서 먹을게. 오늘 일찍 가야 해."

하준이는 부랴부랴 신발을 신었어요.

"스마트폰 챙겼어?"

"응!"

하준이는 잘 챙겨 넣었다는 듯 손가락으로 가방 앞주머니를 가리켰어요.

신발을 대충 걸쳐 신고 하준이는 집을 나왔어요. 엄마에게 들키기 전에 어서 나가야 해요.

"휴우우우우······."

엘리베이터 문이 닫히자 하준이의 입에서 길고 긴 한숨이 나왔어요. 엄마가 알기 전에 스마트폰을 찾아야 해요.

학교에 가자마자 하준이는 책상 서랍을 몇 번이나 뒤지고, 교실 뒤쪽 쓰레기통까지 뒤졌어요. 혹시 누가 주워다 놓지 않았나 고개를 쭉 빼고 선생님 책상 위까지 샅샅이 훑어봤어요.

"뭐해?"

승후가 교실 문을 열고 들어오며 물었어요.

"박승후, 너 내 스마트폰 못 봤어?"

"왜? 잃어버렸어?"

승후의 눈이 커졌어요.

"응. 어젯밤에 자려고 누웠는데 스마트폰이 없어."

"너 스마트폰 산 지 하루밖에 안 됐잖아."

맞아요. 스마트폰 샀다고 교실에 와서 자랑을 한 지 겨우 하루밖에 지나지 않았는데 스마트폰을 잃어버린 거예요.

"다 찾아봤어?"

"응. 침대랑 책상이랑 샅샅이 찾아봤는데 없어."

하준이가 곧 울음을 터트릴 것 같은 표정을 지었어요.

"엄마한테 안 혼났어?"

승후가 걱정된다는 듯 하준이의 얼굴을 살폈어요.

"아직 모르셔. 말하면 죽어!"

"집에서 잃어버린 거면 전화를 해 보면 알잖아."

하준이가 고개를 절레절레 흔들었어요. 어제 저녁, 아빠 핸드폰으로 몰래 걸어 봤을 때 울리지 않았거든요.

"들키기 전에 찾아야 하는데."

"최하준, 너 바보 아니냐? 어떻게 하루 만에 잃어버리냐?"

언제 왔는지 은세가 두 팔을 허리에 짚고 한심하다는 듯 하준이를 내려다봤어요. 하준이가 발딱 일어서며 소리치려 할 때, 곁에 있던 승후가 하준이를 잡아 앉혔어요.

"으음, 그런데 은세야. 너 혹시 기억나?"

은세가 승후를 바라봤어요.

"뭐?"

"1학기 때 말이야. 너 아침에 문방구에서 산 수학 준비물, 1교시도 되기 전에 잃어버렸잖아."

승후는 별일 아니라는 듯 떨어진 지우개를 주우며 말했어요.

하준이도 기억이 나요. 그날 은세는 자기가 분명히 준비물을 챙겼는데 없어졌다며 친구들을 의심했어요.

이럴 때 보면 승후는 정말 대단해요. 승후 머릿속은 마치 칸칸이 나눠진 사물함 같아요. 한 칸에 하나씩 오래된 기억을 넣어 두었다 필요할 때 꺼내나 봐요. 그날도 은세가 수학 준비물로 가져온 시계를 승후가 신발장 위에서 찾았거든요.

"일단……."

승후가 말을 꺼내 놓고 눈동자를 데굴데굴 굴렸어요.

"하준이 네가 어제 갔던 곳을 역추적해 보자."

"역추적?"

하준이와 은세가 멀뚱멀뚱 서로를 쳐다봤어요.

"그게 뭔데?"

"어제 네가 갔던 장소들을 거꾸로 찾아보는 거야. 스마트폰을 잃어버린 걸 알게 된 때부터."

하준이는 어젯밤 자다 깨어 침대맡을 뒤지던 기억을 떠올렸어요. 동영상을 되감기 하듯 하준이는 기억을 거꾸로 돌렸어요.

"어제 축구 보고 숙제 하느라 늦게 잤거든. 자다가 머리맡을 더듬었는데 스마트폰이 없었어."

하준이의 머릿속에 어젯밤 어둠 속에서 스마트폰을 찾던 모습이 떠올랐어요.

"스마트폰을 마지막으로 쓴 건 언제야?"

하준이가 다시 고개를 갸웃하며 눈을 굴렸어요.

"으음, 집에 가자마자 아빠가 축구 시작한다고 빨리 앉으래서 스마트폰을 쓴 기억은 안 나."

"너도 축구 봤구나. 나도 나도."

은세가 끼어들었어요. 승후가 은세 말을 자르며 물었어요.

"집에서 마지막으로 언제 썼는지 생각해 봐. 자려고 눕기 전에 스마트폰 안 봤어?"

어제 축구가 너무 늦게 끝나서 하준이는 숙제를 해 놓고 자느라 스마트폰을 볼 시간이 없었어요.

"전화를 받거나, 메시지 확인 안 했어? 게임은?"

은세가 답답하다는 듯 끼어들었어요. 이번에도 하준이가 고개를 저었어요. 어젯밤 기억은 축구 경기를 보면서 골이 들어갈 때마다 흥분해서 방방 뛰고, 응원봉을 흔들고, 아빠가 시켜 준 탕수육을 먹고, 엄마가 오기 전에 숙제하느라 글씨를 엉망진창으로 썼던 기억밖에 없어요.

"그럼 두 번째 장소로 가보자. 집에 가기 전 갔던 곳."

"으음……. 검도 학원."

머릿속에 되감기 버튼이 돌아가며 하준이가 어제 들렀던 곳이 거꾸로 지나갔어요.

"잠깐, 검도 학원 끝날 때부터."

검도 학원이 끝나고 하준이는 머리에 썼던 호구를 벗고, 죽도를 꽂아 두고, 사물함에서 점퍼를 꺼내 입었어요. 그런데…… 스마트폰을 쓴 기억은 안 나요. 하준이가 고개를 절레절레 흔들었어요.

"야, 그러다 백만 년 지나도 못 찾아. 선생님 오셔."

승후가 제자리로 돌아가고, 은세도 자리에 앉았어요.

선생님이 들어오셔서 두 자리 수 뺄셈을 설명하시는 동안 하준이는 공책에 어제 갔던 곳들을 정리했어요.

집 → 검도 학원 → 놀이터 → 집 → 학교

공책에 적으면서 생각해 보니 빠트렸던 기억들도 떠올랐어요. 검도 학원이 끝나고 나오면서 닭꼬치를 사 먹은 기억이 났거든요. 하준이 입에 침이 고이고, 맛있는 닭꼬치가 떠올랐어요. 하준이가 도리도리 고개를 저었어요. 자꾸 딴생각으로 빠졌고, 스마트폰을 어디서 잃어버린 건지 단서를 찾을 수가 없었어요.

갑자기 어린이집 다닐 때 기억이 났어요. 하준이는 새싹 반 연우의 땋은 머리를 잡아당겼어요. 밧줄같이 늘어진 게 재밌었거든요. 그런데 연우가 울음을 터트리는 바람에 선생님에게 혼났어요. 그날 하준이는 생각하는 의자에 앉아서 무엇을 잘못했는지 생각해야 했어요. 친구들과 같이 뒷산에 올라가 네잎클로버를 찾고 싶었는데 말이에요. 하준이는 뭘 잘못했는지 생각은 안 나고, 그냥 화가 나고, 억울해서 울음을 터트렸었어요.

어쩌죠? 빨리 스마트폰을 찾아야 하는데 엉뚱한 일만 떠오르고, 생각은 제자리에서 빙빙 돌아요.

인문철학 왕 되기

확실한 결론을 찾아서!

생각을 정리하는 방법에는 무엇이 있을까요?

와, 승후는 사건의 실마리를 찾는 능력이 대단한 것 같아.

응? 저렇게 당연한 말만 하는데 뭐가 대단해?

뭐, 뭐가 당연한데……?

핸드폰을 잃어버리면 누구나 언제 마지막으로 썼는지 기억을 되돌리지 않나? 그게 당연한 거 아냐?

쩝…….

그래도 승후가 생각의 실마리를 주니까 하준이가 차근차근 생각하고 기억을 더듬어 볼 수 있었던 것 아닐까?

그래, 생각을 정리해서 깔끔하게 결론을 내는 건 쉽지 않은 일이지.

소쌤의 창의특강

기억은 완벽하지 않다

인간의 눈부신 과학 문명과 문화 모두
기억이 있기에 가능한 것이지.
그래서 기억은 인간의 가장 핵심적인 능력이야.

하지만 우리는 기억을 잊을 때도 있고 잘못 기억하기도 해.
정확히 기억하고 있다고 믿는 것들도
진실이 아니었던 일은 수두룩하게 많지.

가짜 기억이 있다고요?

엘리자베스 로프터스가 자신의 경험을 이야기해 주었어. 이 사람은 14살 때 어머니를 잃었어. 수영장에서 돌아가셨다고 들었지만 어머니의 죽음을 직접 마주한 건 아니었지. 30년이 지난 후, 삼촌이 진실을 알려 주었어. 수영장에서 어머니를 처음 발견한 사람은 바로 엘리자베스였다는 거야. 그러자 엘리자베스는 그때까지 전혀 기억나지 않던 그날의 기억이 아주 또렷하게 떠오르기 시작했어. 갑작스럽게 떠오른 그날의 기억 때문에 고통스러워하고 있는데 얼마 안 가 그 삼촌이 다시 전화를 했대. 사실은 숙모가 처음 발견했었는데, 자신이 잘못 알고 그렇게 말했다는 거야. 결국 엘리자베스는 자신이 겪지도 않은 사건을 뚜렷이 기억했던 거지.

미국의 심리학자
엘리자베스 로프터스
(1944~)

흔히 "내가 봤다."는 주장은 아주 그럴듯한 근거가 되지만, 거짓말을 하는 게 아니라도 우리의 기억은 언제라도 왜곡될 수 있다는 거야. 기억하는 능력이 없다면 우리는 아무것도 할 수 없겠지만 그렇다고 기억이 항상 옳다는 보장도 없는 거지.

아리아드네의 실

그리스 남쪽의 크레타섬에 괴물 미노타우로스가 살았습니다.

미노타우로스는 반은 인간, 반은 황소인 괴물이었습니다.

이 괴물은 여물을 먹는 대신 사람을 먹어야 살 수 있는 골칫덩어리 괴물이었습니다.

크레타의 왕 미노스는 이 괴물을 가둘 미궁을 만들었습니다.

이 미궁은 길고 꼬불꼬불해서 한 번 들어간 사람은 절대 나올 수 없었습니다.

확신의 함정

　쉬는 시간에 승후가 하준이 곁으로 왔어요. 은세도 뒤에서 고개를 쭉 빼고 끼어들었어요.
　"어제 아침에 책상 가운데 스마트폰을 올려 놓고 자랑을 했지?"
　하준이가 고개를 끄덕였어요.
　"1교시 전에 선생님이 초록 바구니에 스마트폰을 걷었다가 5교시 끝나고 나눠 주셨어. 그렇지?"
　"응."
　맞아요. 하준이의 스마트폰이 바구니 위에서 반짝거렸거든요.
　"학교 끝나고 집 가면서 횡단보도 앞에서 메시지 확인했잖아. 엄마가 나갔다 올 테니까 집에 와서 식탁 위에 있는 고구마튀김 먹으라고 문자 보냈었어. 친구들이 스마트폰 개통 기념 문자 보내

준 거에 답장도 보내고."

가끔 승후는 하준이의 일을 하준이보다 더 잘 기억해요.

"넌 어떻게 그걸 기억해?"

"내가 봤으니까."

승후는 별일 아니라는 듯 대답했어요.

"정리하면 어제 너는 스마트폰을 학교에 가져왔어."

하준이가 고개를 끄덕였어요.

"그리고 학교 끝나고 집에 가는 길에 스마트폰으로 메시지를 확인했지?"

"응."

"결론은 너는 스마트폰을 학교에서 잃어버린 게 아니야."

승후의 말을 듣고 있던 하준이와 은세가 고개를 끄덕였어요. 더이상 책상을 뒤지거나 친구들에게 스마트폰을 보았는지 물을 필요가 없어졌어요. 분명해요. 학교에서 잃어버린 건 아니에요.

"그럼 집에 갈 때까지 스마트폰을 가지고 있었어? 집에서 스마트폰 썼어?"

"응, 집에서 고구마튀김 먹는 사진을 찍어서 엄마한테 보냈어."

혼자서는 잘 떠오르지 않던 기억들이 승후가 시간별로 물어보니 하나씩 떠올라요.

"우리 놀이터에서 만났잖아. 집에서 나올 때 스마트폰 있었어?"

고구마튀김을 먹고, 스마트폰을 점퍼에 넣었던 기억이 나요. 엄마가 나갈 때, 들어올 때 꼭꼭 스마트폰을 챙기라고 해서 엘리베이터 안에서 스마트폰을 확인했거든요.

"따라라란 띠리……."

쉬는 시간이 끝나는 종소리가 울리고, 3교시가 시작됐어요. 승후는 제자리로 돌아가고 하준이는 놀이터에서부터 다시 기억을 떠올렸어요. 하지만 선생님의 두 자리 수 뺄셈이 머릿속 생각과 뒤죽박죽되면서 또 생각이 멈췄어요.

"야, 백만 년이 아니라 이백만 년 걸리겠다."

쉬는 시간이 되자 이번에는 은세가 하준이에게로 왔어요. 승후는 화장실에 갔나 봐요.

"일단 학교랑 집에서 잃어버린 건 아니고, 놀이터에서까지는 스마트폰이 있었다는 소리잖아."

하준이가 고개를 끄덕였어요.

"그런데 놀이터에서 너랑 승후는 드리블 연습한다고 스마트폰 안 했잖아."

맞아요. 승후가 유소년 축구단 입단 테스트를 봐야 하기 때문에 같이 축구 연습을 했었어요.

"너희 연습할 동안 난 벤치에서 숙제한 거 알지?"

"응."

은세는 맨날 놀이터에서 숙제를 해요.

"그때, 6학년 오빠들이 내가 있던 벤치 쪽으로 우르르 몰려온 거 기억나?"

하준이도 기억이 나요. 놀이터에서 가끔 만나는 형들이었어요.

"너, 그 오빠들이 지난번에 4반 남자애한테 스케이트보드 뺏는 거 봤지?"

하준이가 기억을 되돌리는 듯 눈동자를 치켜떴어요.

"응."

그날도 승후랑 은세랑 하준이가 놀이터에서 놀고 있는데 6학년 형들이 우르르 몰려왔어요. 형들은 자기들끼리 팔로 목을 감고, 서로 발길질을 하고 깔깔거리며 놀았어요. 그러다 2학년 4반 남자애가 스케이트보드를 가져와서

놀이터에서 타는 걸 보더니 우르르 몰려가서 뭐라뭐라 큰소리치고는 스케이트보드를 빼앗았어요. 멀리서 그 모습을 흥미진진하게 지켜보던 하준이와 친구들은 한편으로 조마조마해서 손에 들고 있던 축구공을 감췄던 기억이 나요. 그 후로 하준이와 친구들은 그 형들이 놀이터에 오면 슬금슬금 자리를 피해요. 은세도 그래서 자리를 옮겼을 거예요.

"그 형들이 네가 가방이랑 점퍼를 벗어 둔 벤치에 앉았었어."

그 말을 듣자 하준이의 머릿속에 의심이 연기처럼 모락모락 피어올랐어요. 4반 남자애한테 스케이트보드를 빼앗는 나쁜 형들이라면 하준이의 점퍼 주머니에 있던 스마트폰을 훔쳐 가는 일도 가능할 것 같았거든요.

"너 스마트폰 최신형이잖아. 아무래도 그 오빠들이 가져간 것 같은데……."

은세는 확실하다는 듯 눈에 힘을 주고 말했어요.

"그 오빠들 때문에 내가 영어 숙제 하다 말고 자리 옮겼잖아?"

하준이가 크게 고개를 끄덕였어요.

"그때, 얼핏 보니 네가 벗어 둔 점퍼 주머니에서 스마트폰이 삐죽 빠져나와 있었던 것 같아."

"정말?"

하준이의 눈이 커지고, 연기처럼 피어오르던 의심이 이제 불길처럼 타올랐어요.

"그러고 보니 그 형들이 벤치를 빙 둘러싸고서 자기들끼리 귓속말을 하는 것 같았어. 어쩌면 형들이 스마트폰 훔치자고 속닥거린 거 아닐까?"

은세가 흩어진 생각을 모으듯 눈을 가늘게 뜨고 생각을 모았어요. 그때 승후가 화장실에 다녀오며 끼어들었어요.

"그때 형들이 4반 남자애한테 스케이트보드 잠깐만 탄다고 한 거야. 내가 그쪽으로 축구공이 굴러가서 찾으러 갔을 때 얘기하는 걸 대충 들었어."

그러자 은세가 괜히 흥분해서 승후에게 따졌어요.

"그게 어떻게 잠깐 탄다는 얘기냐? 그럼 그 형들이 잠깐 탄다고 하지, 빼앗아서 다시는 안 돌려준다고 하겠냐?"

하준이는 은세의 얘기가 맞는 것 같아 고개를 크게 끄덕였어요.

"4반 남자애도 힘센 형들이 무서워서 어쩔 수 없이 뺏긴 거지."

"돌려줬잖아. 형들이."

승후가 또 형들 편을 들었어요. 분명 같은 장소에서 똑같은 걸 봤는데 승후는 하준이, 은세와는 다른 얘기를 했어요. 그러자 은세가 하준이를 쳐다보며 물었어요.

"하준이, 너도 돌려주는 거 못 봤지?"

"으, 으응? 응."

갑작스런 질문에 하준이는 어물어물 대답했어요. 기억이 나지 않았거든요. 하지만 잠깐 생각해 보니 기억이 나지 않는 건 못 봤기 때문인 것 같아요.

"난 며칠 전에도 그 오빠들이 공원에서 다홍색 스케이트보드 타는 거 봤단 말이야. 그날 4반 남자애한테 빼앗은 스케이트보드랑 똑같은 거."

하준이는 은세의 얘기에 믿음이 생겼어요. 은세는 형들이 빼앗은 스케이트보드를 타는 걸 두 번이나 봤다는 얘기잖아요. 더구나 스케이트보드의 색깔까지 정확히 기억하고 있었어요. 은세의 말을 듣고 보니 하준이의 머릿속에도 다홍색의 반짝거리던 스케이트보드가 떠올랐어요.

하준이는 왠지 4반 남자애의 스케이트보드를 빼앗은 나쁜 형들이 하준이의 스마트폰도 훔쳐 간 것 같았어요. 엄마도 늘 나쁜 짓은 습관이 되기 쉽다고 했단 말이에요. 어른이 하는 말이니 틀림없어요.

"좋아, 그럼 쉬는 시간에 4반에 가서 그 남자애한테 물어보자. 스케이트보드 뺏겼는지."

승후가 나섰어요.

"좋아. 난 분명히 봤거든. 내기할까?"

은세는 자신만만하게 내기를 걸었어요.

"좋아. 그럼 진 사람이 검도 학원 끝나고 닭꼬치 사기."

은세가 승후에게 내기를 걸었어요. 하준이는 은세 편에 서는 걸로 내기에 꼈어요.

"겨우 닭꼬치? 좀 더 큰 거 걸면 안 되냐? 승후, 너 자신없지?"

자신만만한 은세가 승후를 보며 다 이겼다는 듯 우쭐거렸어요. 승후는 못 본 척 자리로 갔어요.

4교시 쉬는 시간 종이 울리자마자 은세가 제일 먼저 뒷문으로 달려갔어요.

"야, 급식실로 가면 찾기 힘들어. 빨리 와."

은세가 소리쳤어요. 하준이와 승후도 따라갔어요. 셋이서 4반 교실을 두리번거리며 스케이트보드를 타던 아이를 찾았어요.

"야, 너, 저기."

은세가 앞문으로 나오는 남자애를 다짜고짜 붙잡았어요.

"야, 너 저번에 놀이터에서 다홍색 스케이트보드 빼앗겼잖아?"

승후랑 하준이도 은세 곁으로 다가갔어요. 남자애는 영문을 모르겠다는 듯 세 아이를 번갈아봤어요.

"지난번에 놀이터에서 6학년 형들이 스케이트보드 빌려 갔지?"

이번엔 승후가 나섰어요. 남자애는 눈을 몇 번 굴리더니 고개를 갸웃했어요.

"스케이트보드? 그게 왜?"

갑작스런 질문에 남자애는 미심쩍다는 듯 승후를 위아래로 훑어봤어요.

"야, 그때 그 형들이 스케이트보드 뺏은 거지?"

은세가 남자애한테 바짝 다가서며 말했어요. 남자애는 눈만 껌벅일 뿐 대답하지 않았어요.

"그 형들이 스케이트보드 돌려줬지?"

이번엔 승후가 아이와 눈을 맞추며 물었어요. 남자애는 잠시 생각에 잠긴 듯 하더니 "스케이트보드?"라며 되물었어요.

"응."

셋이 동시에 대답했어요.

"그게 왜? 아, 그거 빼앗겼냐고?"

남자애가 오히려 하준이와 승후, 은세에게 물었어요.

"그래, 빼앗긴 거 맞냐고!" 하며 성질 급한 은세가 목소리를 높였어요. 그러자 남자애는 뒤로 물러서며 말했어요.

"그거 우리 형 건데."

엉뚱한 대답에 짜증이 나는지 은세가 다시 물었어요.

"그러니까 그거 6학년 형들이 뺏어서 안 돌려줬잖아?"

남자애가 은세를 빤히 쳐다보며 말했어요.

"아닌데······."

"돌려줬지? 그렇지?"

남자애의 대답에 승후의 눈이 반짝였어요.

"그거 원래 우리 형 거야."

"아, 그러니까 너희 형 거 빼앗긴 거냐고!"

곁에 있던 하준이가 슬슬 짜증이 나는 목소리로 물었어요.

"내가 놀이터에 가져갔는데 우리 형이랑 친구들이 탄다고 해서 내가 싫다고 한 건데."

"뭐어?"

은세의 목소리가 올라갔어요.

"내가 집에서 들고 갔는데 우리 형이 갑자기 달라고 하잖아. 그래서 내가 타다가 도로 집에 갖다 놓겠다고 했더니 형이 억지로 뺏은 거야."

"그 형이 너네 형이라고?"

"응, 6학년 2반 김준민, 우리 형. 그런데 왜?"

물러서 있던 승후가 피식 웃었어요.

"너희 형이 6학년이란 말이지?"

승후의 말에 4반 남자애가 다시 고개를 끄덕였어요.

"최하준, 조은세 너희 닭꼬치 하나씩."

승후가 자신만만하게 웃으며 은세와 하준이를 돌아봤어요.

"아, 그리고……."

남자애가 급식실로 가다 말고 뒤돌아봤어요.

"우리 형 스케이트보드는 체스 무늬야. 뭔가 착각한 거 같은데 너희가 말한 다홍색이 아니라고."

"뭐어?"

은세가 뒤돌아봤어요.

"우리 형 스케이트보드는 흑백 체스 무늬라고. 너네가 말한 다홍색하고는 완전히 달라."

승후와 하준이가 은세를 쳐다봤어요.

"아, 그래? 아닌데? 내가 분명 봤는데 다홍색…… 이상하다."

은세가 고개를 갸웃거렸어요.

"야, 조은세. 너 확실히 봤다며?"

하준이가 은세에게 따지듯 눈을 흘겼어요.

"아, 다홍색이었는데…….."

은세가 말끝을 흐리다가 "야, 그래도 형이 동생 타는 거 뺏은 건 맞잖아."라며 오히려 목소리를 높였어요.

"넌 자신 있는 척은 혼자 다 하더니, 너 때문에 나까지 닭꼬치 사야 하잖아."

하준이는 스마트폰을 잃어버린 것도 억울한데 닭꼬치까지 사야 해서 신경질이 났어요. 그리고 스마트폰은 어떻게 되는 거지요? 하준이는 4반 남자애의 스케이트보드를 빼앗은 나쁜 형들이 하준이의 스마트폰을 훔쳐 갔을 거라고 생각했잖아요. 하지만 그 형들은 이제 나쁜 형들이 아닌 거고, 그러면 하준이의 스마트폰을 훔쳐 갔을 리 없고……. 또다시 하준이의 머릿속이 마구마구 엉클어지고, 기분도 마구마구 엉망이 됐어요. 더 이상 나쁜 형들이 훔쳐 갔다는 핑계를 댈 수 없으니, 스마트폰을 잃어버린 건 빼도 박도 못하게 하준이의 잘못이 된 거예요.

"에휴우……."

하준이는 저도 모르게 한숨을 쉬었어요.

확실한 증거를 찾아서!

기억 말고 더 확실한 증거가 될 수 있는 게 뭐가 있죠?

형들이 스마트폰을 가져갔다고 결론 내리려면 증거가 있어야 할 텐데 은세의 기억은 엉망이라 증거가 되지 않아.

그러게. 그럼 확실한 증거가 될 수 있는 건 뭘까?

말은 쉽지. 지금 아무 일도 안 일어나면 어떻게 관찰하냐? 그리고 기억도 틀리는데 관찰이라고 틀리지 않는다는 법이 있어?

기억은 지나간 일을 생각해 내는 것이잖아. 그러다 보면 틀릴 수 있으니 과거의 기억보다 지금 실제로 일어나고 있는 일을 관찰해서 증거를 찾는 게 좋지 않을까?

재미있는 토론을 하고 있구나. 너희들 말처럼 우리가 추리를 통해 믿음직한 결론을 내리려면 좋은 증거들을 가지고 있어야 할 거야. 그런데 기억과 경험은 좋은 증거가 될 수 있을까?

생각을 정리할 수 있게 해 주는 연역 추리

승후는 마치 명탐정 코난처럼 여러 가지 기억들을 증거 삼아 추리를 해냈지. 승후의 추리를 간단히 표현해 보면 다음과 같아.

1. 스마트폰을 잃어버린 곳은 학교이거나 학교 밖이다.
2. 학교에서 잃어버리지는 않았다.
3. 따라서 스마트폰을 잃어버린 곳은 학교 밖이다.

승후의 추리를 수학처럼 더 단순하게 표현할 수도 있어. "스마트폰을 잃어버린 곳은 학교이다."를 "□"라고 표현하고 "스마트폰을 잃어버린 곳은 학교 밖이다."를 "△"라고 표현해 보자.

1. □이거나 △이다.
2. □는 아니다.
3. 따라서 △이다.

이런 추리를 사람들은 '연역 추리'라고 부른단다. 연역 추리는 확실한 결론을 이끌어 내고 싶을 때 아주 유용한 추리 방식이야.

다양한 연역 추리들을 한번 살펴보자.

❶ 만일 □라면 △이다.
❷ □이다.
❸ 따라서 △이다.
➡ 만일 늦잠을 잔다면 지각할 것이다. 늦잠을 잤다. 따라서 지각할 것이다.

❶ 만일 □라면 △이다.
❷ △가 아니다.
❸ 따라서 □가 아니다.
➡ 만일 늦잠을 잔다면 지각할 것이다. 지각하지 않았다. 따라서 늦잠 자지 않았다.

승후의 추리도 확실한 결론을 이끌어 내는 좋은 연역 추리이지. 이런 추리는 너무 뻔한 결론을 이야기하는 것처럼 들릴 수 있지만 우리의 생각을 깔끔하게 정리해 줘. 혼란으로부터 벗어날 수 있도록 하고, 쉽게 결론을 이끌어 내는 데 도움을 주기도 하지.

감각에 집중하라

"검도다!"

하준이가 소리쳤어요. 맞은 편에 검도 학원 버스가 지나가는 게 보였어요. 오늘은 검도 가는 날이 아닌데 하준이가 손을 흔들며 버스 쪽으로 달려갔어요. 하준이가 검도 학원 버스를 향해 달려가자 은세랑 승후도 덩달아 달렸어요.

"기사님, 혹시 버스에 스마트폰 없었어요?"

제일 먼저 달려가 버스에 탄 하준이가 기사님께 물었어요.

"글쎄 못 봤는데……. 운행 중에 돌아다니면 다쳐. 학원 도착해서 버스 멈추면 둘러봐."

하준이는 어제 앉았던 자리로 가서 스마트폰을 찾았지만 보이지 않았어요.

"일단 학교, 집, 놀이터에서 스마트폰을 잃어버렸을 가능성은 없는 거지."

승후가 말하자 하준이와 은세가 고개를 끄덕였어요.

"이제 남은 건 검도 학원이야."

하준이는 검도 학원에 꼭 스마트폰이 있었으면 했어요.

버스가 멈추자 은세와 승후가 앞뒤로 다니며 버스를 뒤졌어요. 하지만 과자 부스러기, 떡꼬치를 꽂았던 막대기, 지우개만 바닥에 굴러다닐 뿐 스마트폰은 보이지 않았어요. 버스에서 내린 하준이와 은세, 승후는 검도 학원으로 올라갔어요. 먼저 사물함을 살펴보고 관장님 방으로 갔어요.

"오늘 검도 하는 날도 아닌데 무슨 일이니?"

관장님이 웬일이냐는 듯 물었어요.

"제가 스마트폰을 잃어버렸는데 관장님, 못 보셨어요?"

"못 봤는데, 잠깐만 기다려 봐."

관장님은 밖에 나가 사범님들에게 뭐라고 묻더니 다시 안으로 들어왔어요.

"분실물은 따로 없다는데, 어디서 잃어버렸는지 기억 안 나?"

"다른 곳은 다 찾아봤고, 검도 학원만 남았어요."

하준이가 대답했어요.

"너 스마트폰 새로 산 거라고 하지 않았어?"

관장님이 어이없는 표정으로 물었어요.

"네, 휴우우······."

하준이는 한숨이 나왔어요.

"잘 생각해 봐. 검도할 때 집중하는 거 배웠잖아."

"계속 집중했는데요."

하준이가 불퉁거리며 대답했어요. 하준이는 집중하라는 말이 짜증 났어요. 어젯밤부터 하준이는 내내 스마트폰 생각만 했거든요. 태어나서 오늘까지, 아홉 살 인생을 통틀어 이렇게 한 가지에 집중한 적이 없어요.

"그건 집중하는 게 아니라 못 찾을까 봐 불안해하는 거지."

관장님이 하준이 생각을 고쳐 주었어요.

"조용히 눈을 감고, 어제 도장에 들어올 때부터 나갈 때까지의 과정을 천천히 떠올려 봐. **하준이 네가 했던 일, 갔던 장소, 보고, 듣고, 만졌던 감각 하나하나 떠올리고 집중해 봐.** 관장님이 도장도 한번 다시 찾아볼 테니까."

하준이는 관장님의 얘기를 듣는 둥 마는 둥 딴생각을 했어요. 도장을 나오며 하준이는 땅이 꺼지도록 한숨을 내쉬었어요.

"잠깐만……."

승후가 다시 도장 문을 열고 들어갔어요. 그리고 주머니에서 스마트폰을 꺼내 전화를 걸었어요. 은세는 도장을 둘러보며 소리가 나는 곳이 없는지 살폈어요. 하준이도 다시 관장님 방으로 들어가 눈을 감고 소리가 나는지 집중했어요. 하지만 전화벨 소리는 들리지 않았어요.

셋은 도장을 나와 엘리베이터를 기다렸어요. 학원에서도 스마트폰을 찾지 못하니 기운이 빠졌어요. 하준이가 엘리베이터 옆 벽에 등을 기대고 눈을 감았어요. 어깨가 축 처지고, 또다시 한숨이 나왔어요.

그때였어요. 하준이의 머릿속에 아주 잠깐 스쳐가는 기억이 있었어요. 하준이가 얼굴을 찌푸리며 기억을 모았어요. 옆에 있던 승후와 은세가 숨을 죽인 채 눈만 굴렸어요.

엄마가 스마트폰을 사 주던 날 다짐 받았던 말이 떠올랐어요.

"항상 확인해. 주머니에 있나, 가방에 넣었나."

엄마 말이 하준이의 귀에 다시 들렸어요.

"그때 분명 있었어."

하준이가 중얼거리자 승후와 은세의 눈이 동그래졌어요.

"그때, 언제?"

"검도 학원 끝나고 엘리베이터 타려고 기다렸잖아. 주머니에서 스마트폰을 꺼내 메시지를 확인했어. 그리고 다시 주머니에 넣고 만지작거렸던 느낌이……."

하준이가 눈을 번쩍 뜨더니 입고 있던 점퍼 주머니를 더듬었어요. 어제, 바로 이 자리에서 주머니에서 만져지던 스마트폰의 감

각이 되살아났어요.

"그럼 검도 학원도 잃어버린 장소는 아니란 거지?"

하준이가 고개를 끄덕였어요.

"어제 검도 끝나고 닭꼬치 먹었잖아. 거기 두고 온 거 아닐까?"

승후가 소리쳤어요.

엘리베이터가 아까부터 4층에 멈춰서 내려오지 않았어요. 기다리던 하준이가 계단으로 달려갔어요. 승후와 은세도 쫓아갔어요.

"허허헉, 아저씨, 혹시 스마트폰 못 보셨어요?"

하준이가 숨을 헐떡거리며 닭꼬치 가게 아저씨에게 물었어요.

"스마트폰? 못 봤는데. 여기서 잃어버렸어?"

은세가 스마트폰을 꺼내 전화를 걸었어요. 하준이도 승후도 소리에 집중하려 입을 다물고 귀를 세웠어요. 하지만 역시나 벨이

울리지 않았어요.

"아까 검도 학원 버스는 바닥까지 샅샅이 뒤졌잖아. 기사님은 학원 차 운행이 끝나면 버스 뒤쪽까지 돌아보면서 혹시 아이들이 두고 내린 물건은 없는지 검사한다고 하셨어."

기사님은 예전에 어떤 애가 버스 뒷자리에 잠든 걸 발견하고, 그 후로는 버스 운행을 마치고 뒷자리까지 돌아본다고 하셨어요. 눈을 감고, 빈 주머니를 더듬으며 하준이는 생각을 모았어요. 또 하나의 기억이 떠올랐어요.

"전에도 잃어버린 적이 있어."

하준이가 눈을 감고 중얼거렸어요. 하준이가 입은 점퍼는 사촌 형한테 받은 거예요. 사촌 형이 한 번도 입지 않은 새 점퍼를 준 거라 엄마는 좋아했지만 하준이는 그 점퍼가 불편했어요. 가로로 길게 난 주머니에서 툭하면 물건이 빠졌거든요.

승후도 뭔가 생각났는지 하준이가 입은 점퍼를 가리켰어요.

"너 전에도 그 옷에서 피규어 빠트린 적 있잖아."

승후랑 하준이가 같은 생각을 했나 봐요. 은세도 끼어들었어요.

"그때 계단에 떨어진 피규어, 애들이 밟아서 박살 났었잖아."

하준이에겐 속상한 기억이에요. 아끼던 피규어였거든요.

"다시 집중해 볼게."

하준이는 잃어버린 스마트폰에 가까이 다가가는 느낌이었어요.

"천천히 걷거나 멈춰 있을 때는 주머니에서 스마트폰이 빠져나갈 일은 없어."

승후가 말했어요.

"우리가 어디서 뛰었지?"

은세가 물었어요.

"엘리베이터 기다리는데 4층에서 안 내려와서 계단으로 막 뛰어 내려왔잖아. 닭꼬치 먹고 가려고."

맞아요. 셋은 짜증을 내면서 계단으로 뛰어갔어요.

"닭꼬치 먹다가 셔틀버스가 도착했을 때도 뛰었어."

하나로 연결된 기차처럼 하준이의 기억이 따라 붙었어요.

하준이와 친구들은 계단으로 달려갔어요. 검도 학원이 있는 4층까지 다시 계단을 올랐지만 스마트폰은 보이지 않았어요. 혹시나 해서 학원 1층에 있는 관리 사무소에 가서 스마트폰 분실물이 없는지 물었지만 찾을 수 없었어요.

숨을 헐떡거리고 있을 때, 은세가 "셔틀버스 왔다." 하며 소리쳤어요. 셔틀버스에서 아이들이 우르르 내렸어요. 하준이가 제일 먼저 버스에 올라탔어요. 승후와 은세도 뒤따라 버스에 탔어요. 검도 수업이 끝난 아이들도 버스에 탔어요.

"닭꼬치를 먹다가 뛰어나와 버스에 올라탔고, 마치 트램펄린을 타듯 의자에 털썩 주저앉았어."

하준이가 새로운 기억을 보탰어요.

"앉은 자리에 스마트폰 떨어진 거 없는지 좀 봐 줘."

승후가 아이들을 향해 소리쳤어요. 은세는 다시 바닥을 훑어봤어요. 하준이는 어제 앉았던 자리로 다시 갔어요. 그 자리에 그대로 앉아서 눈을 감자 어제 오른손으로 더듬던 스마트폰의 감촉이 살아났어요. 하준이가 눈을 번쩍 떴어요. 그리고 엉덩이를 들어 앉아 있던 의자의 시트를 살펴봤어요. 아무것도 없어요.

하준이의 머릿속에 아빠 차를 타고 어딘가를 가던 기억이 스쳐 갔어요. 하준이는 손에 동전을 쥐고 있어요. 손에 넣고 만지작거리다 갑자기 차가 멈추며 하준이의 몸이 앞으로 확 쏠렸어요. 그 순간, 손에 들고 있던 동전이 떨어졌고 하준이는 동전을 잡으려 손을 뻗었는데 동전이 의자 틈으로 들어갔던 기억이 났어요.

그때, 하준이의 눈에 의자 사이의 틈이 보였어요. 하준이는 한쪽 손으로 반대쪽 의자를 밀었어요. 의자 사이가 벌어지고, 하준이가 크게 소리쳤어요.

"찾았다아!"

"어? 어? 정말?"

"어디? 어디?"

승후와 은세가 하준이에게 다가왔어요.

"찾았냐?"

운전을 하시던 기사님도 거울을 보며 물었어요.

"잠깐만요."

하준이가 의자 사이에 손을 밀어 넣었어요. 그리고 의자 사이에 낀 스마트폰을 꺼내려 손가락으로 밀었어요.

"앗, 어어……."

좁은 틈새에 스마트폰이 끼어서 빠지지 않았어요. 하준이가 틈새를 더 벌리려 옆자리의 의자를 더 세게 밀었어요.

"툭."

버스 바닥에 무언가 떨어지는 소리가 났어요. 하준이가 허리를 숙여 바닥에 떨어진 스마트폰을 주워 번쩍 들었어요.

"찾았다!"

"오우, 축하해!"

버스에 타고 있던 아이들이 하준이를 축하해 줬어요.

"산 지 이틀밖에 안 된 건데."

하준이가 전원을 켰지만 배터리가 없는지 켜지지 않았어요.
"엄마한테 죽는 줄 알고 엄청 불안했는데……."
하준이가 하얀 이를 드러내며 웃었어요.
"오우, 드디어 찾았다."
은세와 승후도 신이 났어요.
"고마워. 같이 찾아 줘서. 너희가 내 목숨을 구한 거야."
"아냐, 재미있었어. 마치 탐정이 된 것처럼 흥미진진했어."
은세가 하준이를 보며 씨익 웃었어요.

아이들은 생각을 모아 감쪽같이 사라졌던 스마트폰을 찾았어요. 하준이와 승후, 은세가 나란히 버스에서 내렸어요. 하준이의 손에는 반짝거리는 새 스마트폰이 들려 있었어요. 마치 보물섬에서 발견한 금은보화를 손에 쥔 듯 하준이와 친구들은 뿌듯해 보였어요. 엄마가 버스 정류장에 서 있었어요.

"최하준, 왜 엄마 문자에 답 안 해?"
버스에서 내리는 하준이를 보고 엄마가 소리쳤어요.
"아아, 배터리가 다 떨어져서."
하준이가 손에 들고 있던 스마트폰을 번쩍 들어 엄마에게 보여 주었어요. 앞서 가던 은세와 승후가 뒤돌아보며 씨익 웃었어요. 길고 길었던 하준이의 스마트폰 찾기가 끝이 났어요.

만일 나라면?

하준이가 결국 스마트폰을 찾기는 했지만 이틀 동안 그걸 찾느라 마음 고생을 많이 한 것 같아.

그래도 마냥 걱정만 하기보다는 생각을 집중하고, 여러 기억을 되살리고, 평소 자신의 모습을 떠올리는 과정이 중요하다는 걸 하준이도 알았을 거야.

나도 중요한 물건을 잃어버렸던 적이 있어서, 하준이의 마음이 얼마나 심란했을지 공감이 가.

아래에 여러분이 지금 해결해야 할 문제를 적고 그 문제를 해결할 수 있는 다양한 방법을 찾아서 적어 주세요. 그리고 그 방법에 부작용이나 또 다른 문제는 없는지 생각해 본 뒤, 어떤 결정을 내릴지 생각해 보세요.

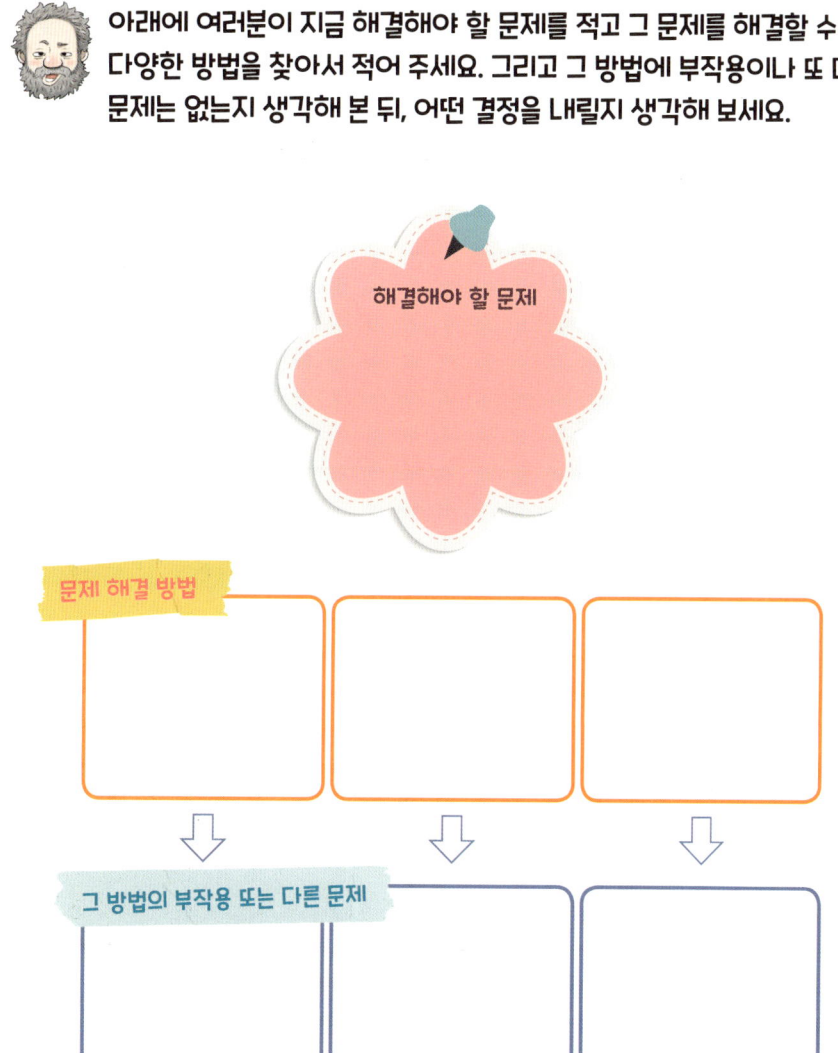

내가 본 것도 가짜일 수 있다

우리는 흔히 "내가 봤다."고 말하며 그게 분명한 사실임을 주장합니다. 그런데 두 눈으로 본 것도 우리를 속이는 경우가 꽤 많습니다. 다음 그림들을 보고 대답해 보세요.

그림1 명암 착시

Q. A가 쓰인 면과 B가 쓰인 면 중에서 어디가 더 어두울까요?

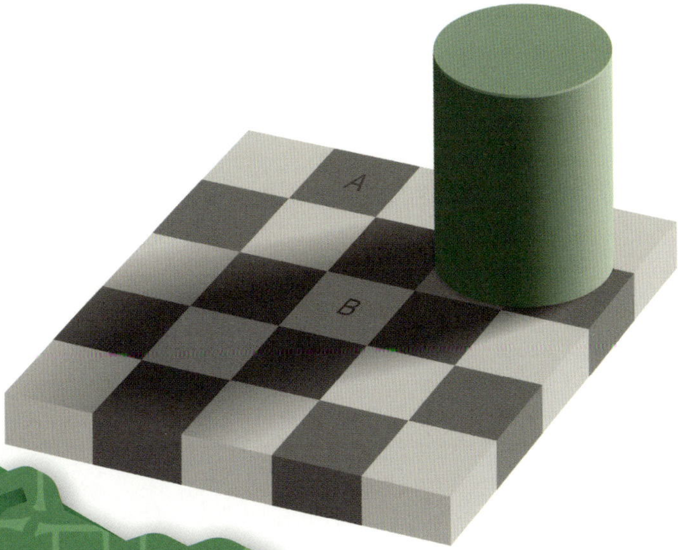

그림2 색깔 착시

Q. 큐브의 윗면과 그림자가 드리워진 앞면의 색깔들 중에 같은 색깔을 찾아보세요.

그림3 드레스 색깔 논쟁

Q. 드레스 가로 줄무늬의 색깔이 어떻게 보이나요? 흰색과 금색 줄무늬인가요, 아니면 파란색과 검은색 줄무늬인가요? 주변 친구들의 대답도 들어 보세요.

200만 부 판매 돌파!

한국디베이트협회

서울시 교육청 추천도서

2017 세종도서 교양부문

2012 문화체육관광부 우수교양도서

대한출판문화협회 우수과학도서 2018

책이나라

2016년 우수건강도서

AI 시대 미래 토론

✓ 뭉치북스가 만든 국내 최초 토론책!　✓ 초등 국어

✓ 한국디베이트협회와 교

- 01 함께 사는 로봇
- 02 원시인도 모르는 공룡
- 03 더 멀리 더 높이 더 빨리 스포츠 과학
- 04 까만 우주 작은 별
- 05 노벨도 깜짝 놀란 노벨상
- 06 지켜라! 멸종 위기의 동식물
- 07 도로시의 과학 수사대
- 08 살아 있는 백두산
- 09 콜록콜록! 오늘의 황사 뉴스
- 10 엇! 이런 발명가, 왜 저런 발명품
- 11 아낄수록 밝아지는 에너지
- 12 과학 Cook! 문화 Cook! 음식의 세계
- 13 과학을 훔친 수상한 영화관
- 14 끝없이 진화하는 무서운 전염병
- 15 지구 온난화와 탄소배출권
- 16 먹을까? 말까? 먹거리 X파일
- 17 우리 몸을 흐르는 피와 혈액형
- 18 진짜? 가짜? 가상현실과 증강현실
- 19 두근두근 신비한 우리 몸속 탐험
- 20 우리를 위협하는 자연재해
- 21 봄? 가을? 경계가 모호해지는 사계절
- 22 세균과 바이러스 꼼짝 마! 약과 백신
- 23 생태계의 파괴자? 외래 동식물
- 24 쾅쾅쾅~ STOP!!! 우리나라도 위험해요, 소중한 물
- 25 오늘도 나쁨! 작아서 더 무서운 미세먼지
- 26 식량 위기에서 인류를 구할 미래 식량
- 27 썩지 않는 플라스틱! 지구와 인간을 병들게 하는 환경 호르몬
- 28 나와 똑같은 또 다른 나, 인간 복제
- 29 미래의 디지털 첨단 의료
- 30 땅속 보물을 찾아라! 지하자원과 희토류
- 31 농사일부터 우주 탐사까지, 미래는 드론 시대
- 32 알쏭달쏭 미지의 세계, 뇌
- 33 얼마나 작아질까? 어디까지 발달할까? 나노 기술과 첨단 세계
- 34 찾아라! 생명체가 살 수 있는 또 다른 별, 제2의 지구
- 35 배울수록 더 강해지는 인공 지능
- 36 창조론이냐? 진화론이냐? 다윈이 들려주는 진짜진짜 진화론
- 37 모두모두 소중한 생명! 멈춰요 동물 실험
- 38 유해할까? 유용할까? 생활 속 화학 물질
- 39 46억 년의 비밀, 생명을 살리는 지구
- 40 과학자가 가져야 할 덕목, 과학자 윤리와 책임

공부다!
인재를 위한 과서

과학토론왕 40권 + 독후활동지 40권
전 80종 / 정가 580,000원

사회토론왕 40권 + 독후활동지 40권
전 80종 / 정가 580,000원

- 한우리 추천도서
- 경향신문 추천도서
- 경기도 초등토론 교육연구회 추천
- 경기도 지부 독서 골든벨 선정도서
- 환경정의 어린이 환경책 권장도서
- 한국 아동문학인협회 우수도서
- 학교도서관 사서협의회 추천도서

✓ 활용 만점 독후 활동지 각 권 제공!

서 선정 도서!
문가들이 강력 추천한 책!

01 우리 땅 독도
02 생활 속 24절기
03 세계를 담은 한글
04 정정당당 선거
05 우리의 유네스코 세계 유산
06 좋아요? 나빠요? 인터넷과 스마트폰
07 함께라서 좋아! 우리는 가족
08 한민족, 두 나라 여기는 한반도
09 너도 나도 똑같이 생명 존중
10 돈 나와라 뚝딱! 경제 이야기
11 시골시골 지구촌 민족 이야기
12 앗! 조심해! 나를 지키는 안전 교과서
13 바람 잘 날 없는 지구촌 국제 분쟁
14 믿음과 분쟁의 역사 세계의 종교
15 인공 지능으로 알아보는 미래 유망 직업
16 지역 이기주의 님비 현상
17 더불어 사는 다문화 사회
18 함께 사는 세상 소중한 인권
19 세계를 사로잡은 문화 콘텐츠 한류
20 변치 않는 친구 반려동물
21 왕따는 안 돼! 우리는 소중한 친구
22 여자? 남자? 같은 것과 다른 것! 성과 양성평등
23 모두가 행복한 착한 초콜릿, 아름다운 공정 무역
24 우리는 이웃사촌! 함께 사는 사회
25 틀린 게 아니라 다른 거라고? 글로벌 에티켓
26 신통방통 지혜가 담긴 우리의 세시 풍속과 전통 놀이
27 출발, 시간 여행! 유네스코 세계 문화유산
28 아이는 줄고! 노인은 늘고! 달라지는 인구
29 우리는 하나! 세계로! 미래로! 통일 한국
30 레벨업? 섯다운? 슬기로운 게임 생활, 벗어나요 게임 중독
31 살아 있어 행복해! 곁에 있어 고마워! 소중한 생명
32 나도 크리에이터! 시골벅적 1인 미디어 세상
33 뚜아뚜아별의 법을 부활시켜라! 생활 속 법 이야기
34 하늘·땅·바다 어디서나 조심조심! 어린이를 위한 교통안전
35 함께 만들어요! 함께 누려요! 모두의 사회 복지
36 위아더월드, 도움의 손길이 필요해요, 세계 빈곤 아동
37 환경 덕후 오춘사가 간다, 지켜라! 지구 환경
38 전쟁 NO! 평화 YES! 세계를 이끄는 힘, 국제기구
39 더 멀리, 더 빠르게 미래 교통과 통신
40 알아서 척척, 똑똑한 미래 도시, 꿈의 스마트 시티

문화체육관광부 우수교양도서 / 서울시교육청 추천도서 / 경기도 사서협의회 추천도서 / 한국교육문화원 추천도서 / 아침독서 추천도서

100만 부 판매 돌파!

수학이 쉬워지고, 명작보다 재미있는
뭉치수학왕

정부 기관 선정 우수 도서성을 많이 수상한 믿을 수 있는 시리즈!

뭉치 수학왕 시리즈는 미래의 인재로 키워 줌

"인공지능(AI) 시대의 힘은 수학에서 나온다!"

개념 수학

〈수와 연산〉
1 양치기 소년은 연산을 못한대
2 견우와 직녀가 분수 때문에 싸웠대
3 가우스, 동화 나라의 사라진 0을 찾아라
4 가우스는 소수 대결로 마녀들을 물리쳤어
5 앨런, 분수와 소수로 악당 히들러를 쫓아내라
6 약수와 배수로 유령 선장을 이긴 15소년

〈도형〉
7 헨젤과 그레텔은 도형이 너무 어려워
8 오일러와 피노키오는 도형 춤 대회 1등을 했어
9 오일러, 오즈의 입체도형 마법사를 찾아라
10 유클리드, 플라톤의 진리를 찾아 도형 왕국을 구하라
11 입체도형으로 수학왕이 된 앨리스

〈측정〉
12 쉿! 신데렐라는 시계를 못 본대

13 알쏭달쏭 알라딘은 단위가 헷갈려
14 아르키는 어림하기로 걸리버 아저씨를 구했어
15 원주율로 떠나는 오디세우스의 수학 모험

〈규칙성〉
16 떡장수 할머니와 호랑이는 구구단을 몰라
17 페르마, 수리수리 규칙을 찾아라
18 피보나치, 수를 배열해 비밀의 방을 탈출하라
19 비례배분으로 보물섬을 발견한 해적 실버

〈자료와 가능성〉
20 아기 염소는 경우의 수로 늑대를 이겼어
21 파스칼은 통계 정리로 나쁜 왕을 혼내 줬어
22 로미오와 줄리엣이 첫눈에 반할 확률은?

〈문장제〉
23 개념 수학-백점 맞는 수학 문장제①
24 개념 수학-백점 맞는 수학 문장제②
25 개념 수학-백점 맞는 수학 문장제③

융합 수학
26 쌍둥이 건물 속 대칭축을 찾아라(건축)
27 열차와 배에서 배수와 약수를 찾아라(교통)
28 스포츠 속 황금 각도를 찾아라(스포츠)
29 옷과 음식에도 단위의 비밀이 있다고?(음식과 패션)
30 꽃잎의 개수에 담긴 수열의 비밀(자연)

창의 사고 수학
31 퍼즐탐정 썰렁홈즈①-외계인 스콜피오스의 음모
32 퍼즐탐정 썰렁홈즈②-315일간의 우주여행
33 퍼즐탐정 썰렁홈즈③-뒤죽박죽 백설 공주 구출 작전
34 퍼즐탐정 썰렁홈즈④-'지지리 마란드러' 방학 숙제 대작전
35 퍼즐탐정 썰렁홈즈⑤-수학자 '더하길 모테'와 한판 승부
36 퍼즐탐정 썰렁홈즈⑥-설국언차 기관사 '어러도 달리능기라'
37 퍼즐탐정 썰렁홈즈⑦-해설 및 정답

수학 개념 사전
38 수학 개념 사전①-수와 연산
39 수학 개념 사전②-도형
40 수학 개념 사전③-측정·규칙성·자료와 가능성

독후 활동지

본책 40권 + 독후 활동지 7권
정가 580,000원